Folles, folles, les fondues

Éditeurs:
LES ÉDITIONS TRANSMONDE

Conception graphique de la couverture:
DIANE GAGNÉ

Photographie de la couverture:
R. WIGINGTON / The Stock Market Inc.

Illustrations:
RUTH JANES / Graphcomm Group Inc.

Traduction française de *Mad about Fondue*
publiée à la suite d'une entente entre l'éditeur original,
Irwin Publishing Inc.,
et Les Éditions La Presse, Ltée.

(Les Éditions Transmonde sont une division de
Les Éditions La Presse, Ltée, 44, rue Saint-Antoine ouest,
Montréal H2Y 1J5)

Dépôt légal:
BIBLIOTHÈQUE NATIONALE DU QUÉBEC
4e trimestre 1987

ISBN 2-89374-013-8

1 2 3 4 5 6 92 91 90 89 88 87

Folles, folles, les fondues

Traduit de l'anglais
par Suzette Thiboutot-Belleau

Fred Kerner

Sommaire

LES CHARMES DE LA FONDUE

Rien ne correspond mieux à la convivialité des Suisses que ce plat auquel tous les convives sont invités à participer.

Sa popularité ne cesse de croître. On la retrouve dans les réunions d'après-ski auprès du feu, dans les cocktails et même au dîner: les invités, brandissant la fourchette, entourent le poêlon avec entrain et appétit.

Nous avons amplifié ce que les Suisses ont créé. En plus des deux fondues traditionnelles, au fromage et au boeuf, nous avons maintenant des fondues pour tout, depuis les hors-d'oeuvre jusqu'aux desserts.

Il y a divergence d'opinion sur l'origine du mot «fondue»; mais sur l'attrait que présente ce plat, sur sa saveur, l'accord est général.

Il semble bien que le terme soit né en Suisse française du verbe fondre; on en suit les traces jusqu'en 1768. Certains Suisses estiment que le mot voudrait plutôt dire «tremper». Pour ce qui est de la fondue classique, il n'y a pas lieu de se disputer puisqu'elle comporte les deux opérations: faire fondre et tremper.

Loin d'appartenir à la grande cuisine, la fondue a connu des débuts humbles. Comme bien d'autres plats régionaux, elle est née du hasard et de la nécessité. Le fromage ayant tendance à durcir avec le temps, quelqu'un aurait découvert, par astuce ou gourmandise, qu'il suffisait de faire fondre ce fromage et d'y tremper des mouillettes de pain pour obtenir un plat nourrissant et délicieux.

Il ne faut pas, bien sûr, confondre cette fondue avec ce qu'on obtient en trempant du pain dans un mélange d'oeufs et de lait additionné de fromage et en faisant cuire cette pâte jusqu'à ce qu'elle soit ferme et dorée. Elle n'a rien à voir non plus avec le mode de cuisson de certains légumes d'accompagnement qui après avoir été cuits longuement dans du beurre, de la graisse ou de l'huile, sont complètement *fondus*. Sous le même nom, et bien que le *Larousse gastronomique* considère cette appellation injustifiée, on désigne un apprêt d'oeufs brouillés au fromage dont Brillat-Savarin donne une recette assez originale dans la *Physiologie du goût*.

La fondue bourguignonne ou fondue au boeuf (page 49) est bien mal nommée. On n'y fait rien fondre et elle n'a rien de bourguignon puisqu'il n'y entre pas de vin rouge et qu'elle ne vient pas de Bourgogne.

Comme nous l'avons dit plus haut, la fondue est plus qu'un plat, c'est une manière d'être. Il n'y en a pas comme elle pour faire fondre la glace dans une réunion; elle tient du jeu de société tout autant que de la gastronomie et s'adapte à tous les services d'un menu, depuis les hors-d'oeuvre jusqu'aux desserts. Elle est toujours accueillie avec satisfaction et une fois maîtrisées quelques règles élémentaires de préparation, elle vous permet de faire briller votre imagination et de régaler parents et amis.

Quelles sont ces règles élémentaires? Nous allons les énumérer rapidement en parlant de cuisson et d'équipements, d'ingrédients et d'étiquette.

PETITS CONSEILS CULINAIRES

- Lisez la recette et réunissez tous les ingrédients avant de commencer. La cuisson doit être menée rapidement.
- Les fondues au fromage doivent cuire à feu doux sous peine de devenir caoutchouteuses.
- Même à feu doux, le fromage doit toujours demeurer très chaud; autrement il durcit.
- Posez rapidement le poêlon sur un réchaud quand la fondue au fromage est onctueuse car elle ne doit pas refroidir du tout.
- Ajoutez le fromage au vin en remuant constamment et pour ce faire, au mouvement circulaire vers la gauche ou la droite, préférez un mouvement en huit plus efficace.
- Si la fondue tarde à devenir homogène, ne vous inquiétez pas; continuez à remuer.
- Ajoutez une pincée de bicarbonate de soude pour lui donner plus de légèreté.
- Lorsqu'elle est prête, gardez-la au point d'ébullition.
- Si la fondue grumelle, si liquides et fromages se séparent, remettez le poêlon sur le feu, battez vigoureusement avec un fouet métallique et ajoutez 2 mL (½ c. à thé) de fécule de maïs. Pour rattraper un reste de fondue, faites une pâte avec la fécule et 60 mL (2 oz) du vin de cuisson ou d'un liquide quelconque et ajoutez-la en fouettant vigoureusement.
- Ne vous sentez pas coupable si la fondue devient grumeleuse en dépit de vos précautions. Certains fromages mal vieillis forment des grumeaux et des fils. Pour éviter ce danger, ajoutez un peu de gruyère à la fondue de fromage suisse; si vous utilisez déjà les deux fromages, mettez un peu plus de gruyère.
- Quand la fondue devient trop épaisse sur le réchaud, vous la relâchez avec un peu de liquide chaud. JAMAIS FROID. Remettez la fondue sur le feu et ajoutez juste ce qu'il faut de vin pour la détendre. Si le vin ne s'incorpore pas à la fondue, liez avec 2 mL (½ c. à thé) de fécule délayée dans un peu de vin.
- Si durant la dégustation l'huile de la fondue bourguignonne refroidit, remettez-la sur le feu quelques minutes.

LA CUISSON AVEC LE SYSTÈME MÉTRIQUE

Toutes les recettes dans ce livre donnent les deux types de mesures: système métrique et système anglais.

Si vous avez la bosse des mathématiques, vous découvrirez que les deux ne coïncident pas toujours exactement. C'est qu'il aurait fallu utiliser des instruments de précision pour cuisiner.

Les mesures en système métrique ont donc été arrondies, mais les proportions de base des ingrédients demeurent les mêmes.

LE SERVICE DE TABLE

- Les Suisses préparaient autrefois la fondue dans une marmite de terre émaillée. Aujourd'hui, on se sert plutôt d'un poêlon en cuivre ou en fonte émaillée parce qu'il a le mérite de conserver et de bien distribuer la chaleur.
- Quand la fondue est prête, on pose le poêlon sur un réchaud. Certaines personnes utilisent un réchaud à alcool ou à bougie, d'autres, un réchaud électrique.
- Il existe des plats électriques à fondue dans lesquels un thermostat règle la chaleur. Ils sont généralement à deux degrés: bas pour les fondues sensibles à la chaleur comme les fondues au fromage; élevé pour les fondues à bain d'huile. Ces cocottes sont en aluminium revêtu d'un antiadhésif ou en céramique.
- Il faut des fourchettes minces à long manche pour plonger les trempettes dans la fondue. Certaines ont un manche identifié par un point coloré pour que les convives retrouvent chacun la sienne. Si vous n'avez pas de fourchettes à fondue, vous pouvez utiliser des brochettes métalliques ou même des aiguilles à tricoter.
- Dans les fondues à la viande, on fournit en outre aux convives des fourchettes de table pour manger la viande, les premières sortant brûlantes du bain d'huile.
- Le service de la fondue comprend aussi des assiettes pour recevoir la viande cuite. Certaines présentent de petits godets dans lesquels on met les sauces. Il faut également des assiettes pour la viande crue.
- Des rince-doigts ne sont pas à déconseiller; on les remplira à demi d'eau tiède en y faisant flotter une tranche de citron.

UN MOT SUR LES INGRÉDIENTS

- Il faut choisir avec soin les fromages d'une fondue. Pour la fondue classique, il est important d'acheter un fromage suisse d'origine, bien mûr. Le suisse domestique a bon goût, mais il est rarement assez fait pour la fondue. On suggère également d'utiliser certains fromages à goût plus accentué.
- Le fromage détaillé en cubes fond mieux et plus uniformément que le fromage râpé. Ce dernier a tendance à former des grumeaux durant la cuisson. Si vous êtes à la course, cependant, râpez le fromage.
- Donnez toute liberté à votre imagination. Ajoutez céleri, oignon, poireau, poivron vert ou rouge, champignons hachés et sautés, du fenouil, du cerfeuil ou de l'oseille. Tout ce qu'on peut mettre dans une omelette convient à la fondue.
- Le vin qui convient à la préparation de la fondue de fromage doit être léger, pétillant, un peu acide. Les Suisses n'admettent que du vin suisse, le neuchâtel par exemple, dont l'acidité contribue à liquéfier le fromage et à assurer l'onctuosité de la fondue.
- Si vous craignez que votre vin ne soit pas assez acide, ajoutez-lui un peu de jus de citron: 5 mL (1 c. à thé) pour 125 mL (½ tasse) de vin.
- On calcule d'ordinaire 125 mL (½ tasse) de vin pour 250 g (½ lb) de fromage. La quantité de vin absorbée par un fromage varie selon son origine ou son âge. Mieux vaut en mettre moins au début, quitte à en rajouter.

COMMENT MANGER LA FONDUE

• Chaque convive pique une mouillette de pain et la plonge dans la fondue en dessinant des huit; il tourne la fourchette en la soulevant et porte la mouillette à sa bouche. Une habile rotation du poignet s'impose pour conserver le fromage sur le pain; c'est un peu comme si on enroulait du spaghetti autour d'une fourchette.

• La fondue n'est pas l'occasion rêvée pour sortir son plus beau linge de table. Nappe et serviettes de couleur pimpante sont mieux indiquées.

• Une tradition veut que la personne qui laisse tomber son pain embrasse sa voisine ou son voisin. Autre tradition: elle paie une tournée de verres.

• Vers la fin du repas, la fondue forme une croûte bien dorée au fond du plat: c'est la religieuse. On la réserve — car elle est exquise — au convive qui n'aura pas laissé tomber son pain. La croûte se soulève facilement à la fourchette.

• Dans la fondue suisse, une seule personne plonge son pain dans le plat à la fois. Dans la fondue bourguignonne, plusieurs fourchettes peuvent reposer dans le poêlon en même temps. En retirant la vôtre, prenez garde de faire tomber celle de votre voisin.

LA FONDUE EN HORS-D'OEUVRE

La fondue se prête à toutes sortes de variantes; on peut donc fort bien la servir au moment de l'apéritif ou au goûter.

Vous trouverez dans les pages qui suivent un grand nombre de recettes que vous pouvez servir à table ou en buffet, depuis la fondue au fromage jusqu'à la fondue au chocolat.

Les welsh-rabbits font également des trempettes amusantes et des amuse-gueule sympathiques à l'heure du cocktail.

UNE TRADITION BIEN SUISSE

L'emmenthal n'est pas le seul fromage à fondue

La fondue ne comportait au début que du fromage cuit dans le vin et servi sur du pain. Avec le temps, la recette classique a évolué et de nombreux ingrédients sont venus s'ajouter ou se substituer au fromage.

La fondue de fromage apparaît sous divers noms dans les menus: fondue suisse ou fondue neuchâteloise par exemple. Le second vient de Neuchâtel, vin blanc sec issu d'un canton suisse près de la frontière de la France; on s'en servait pour confectionner la fondue. Maintenant, cependant, le choix du vin appartient au chef; seule condition à respecter: il doit être sec et fournir l'acidité requise. Si celui que vous préférez manque d'acidité, ajoutez-lui du jus de citron (*voir* page 12).

Les vins du Rhin ou de la Moselle, les rieslings et les chablis conviennent bien à la fondue au fromage. Il en va de même de ceux qui proviennent des sols crayeux d'Auvernier, Boudry et Colombier, à l'ouest de Neuchâtel, et des fendants du Valais.

Bien que le kirsch soit considéré comme un ingrédient de base, il n'est pas interdit d'y substituer du cognac, du rhum blanc, du vermouth sec ou de la slivovitz.

Si la fondue devenait trop épaisse en cours de cuisson, on peut la relâcher avec un peu de vin, à condition de le réchauffer auparavant.

Il n'est pas nécessaire de servir une boisson avec la fondue. Cependant, quoi qu'on serve, il faut exclure la bière ou l'eau froide; les Suisses vous diront que vos convives seraient menacés d'un sérieux mal d'estomac. Le mieux est d'offrir le vin qui a servi à confectionner la fondue ou un doigt de kirsch, eau-de-vie extraite des cerises.

TREMPETTES

La fondue suisse se sert généralement avec des cubes de pain rassis d'environ 3 cm (1 po) de côté. On pique le pain, on le plonge dans la fondue en dessinant des huit pour bien l'enrober, on le retire et on le déguste.

Si vous utilisez du pain français ou italien, il faudra prévoir deux miches pour quatre personnes selon la grosseur de la miche. Les cubes auront de la croûte sur un côté au moins: on pique dans la mie et à travers la croûte.

On peut remplacer le pain français ou italien par d'autres pains, bien sûr, mais aussi par divers éléments. En voici une liste que vous pouvez compléter.

Bagels (aromatisés ou non) en deux puis en huit
Chapeaux de champignons
Côtes de céleri
Fleurettes de chou-fleur
Languettes de poivrons verts ou rouges
Pain de blé entier grillé, en cubes
Pain de seigle grillé, en cubes de 3 cm (1 po) de côté
Pointes de brocoli
Pommes de terre bouillies, pelées et détaillées en cubes
Pommes de terre crues, pelées et coupées en cubes
Pommes de terre nouvelles, bouillies et servies entières ou en moitiés
Petits pains croûtés découpés en cubes
Petits ravioli au fromage
Quartiers de pommes
Tranches de carottes

Vous trouverez d'autres suggestions sous la rubrique Trempettes de dessert, pages 96-97.

FONDUE SUISSE

QUATRE PORTIONS

500 g	*fromage suisse en petits cubes*	*1 lb*
45 mL	*farine*	*3 c. à soupe*
1	*gousse d'ail*	*1*
500 mL	*vin blanc sec*	*2 tasses*
15 mL	*jus de citron (au goût, voir page 12)*	*1 c. à soupe*
125 mL	*kirsch*	*½ tasse*
pincée	*sel*	*pincée*
1 mL	*poivre blanc*	*¼ c. à thé*
pincée	*muscade ou paprika*	*pincée*
	trempettes	

1. Déposer le fromage dans un plat, saupoudrer de farine et mélanger.
2. Couper l'ail en deux et en frotter un poêlon à fondue. Jeter ce qui reste.
3. Mettre le vin dans le poêlon et l'amener au point d'ébullition. NE PAS LE FAIRE BOUILLIR. Ajouter le jus de citron s'il y a lieu.
4. Jeter le fromage par poignées dans le vin en remuant avec une fourchette ou une cuiller de bois pour le faire fondre avant d'en rajouter. Quand tout le fromage a été incorporé au vin et que la fondue fait de petits bouillons, ajouter rapidement le kirsch et les assaisonnements en remuant jusqu'à homogénéité.

VARIANTES

Fondue moitié-moitié

Si vous utilisez deux fromages différents, la fondue aura un goût plus marqué. Remplacer simplement 500 g (1 lb) de fromage suisse par :

250 g	*fromage suisse*	*½ lb*
250 g	*gruyère*	*½ lb*

La préparation reste la même.

Fondue tiers-tiers-tiers

Si vous utilisez non pas deux, mais trois fromages différents, vous aurez une fondue encore plus originale. Voici :

175 g	*gruyère*	*⅓ lb*
175 g	*gorgonzola*	*⅓ lb*
175 g	*tilsiter*	*⅓ lb*

Fondue au carvi

Cette fois-ci, utilisez :

250 g	*fromage suisse*	*½ lb*
250 g	*fromage aux graines de carvi*	*½ lb*

Fondue à l'oeuf

Une variante agréable. Quand vous aurez mangé les deux tiers de la fondue suisse, ajouter un ou deux oeufs crus en remuant vigoureusement à la fourchette. Il faudra peut-être saler un peu.

Fondue aux champignons

Compter 125 g (¼ lb) de champignons pour 250 g (½ lb) de fromage suisse. Hacher les champignons en les relevant d'un peu d'oignon haché. Les faire revenir dans le beurre chaud de façon que tout le liquide végétal s'évapore. Au moment de servir, les incorporer à la fondue suisse.

Fondue aux truffes

Compter 125 g (1/4 lb) de truffes pour 250 g (1/2 lb) de fromage suisse. Hacher les truffes finement; les faire revenir dans le beurre et les joindre à la fondue suisse au moment de servir.

Fondue au champagne

Remplacer le vin blanc par du champagne ou du vin mousseux sec.

Fondue rose

Remplacer le vin blanc par un vin rosé très sec.

Fondue flambée

Lorsque la fondue (toutes les variantes sauf celle au champagne) est prête à servir, faire chauffer dans une louche 50 ml (1/4 tasse) de kirsch ou davantage. Verser l'alcool sur la fondue et allumer. Servir quand la flamme meurt.

Fondue à la tomate

Peler, épépiner et hacher 2 tomates très fin. Les ajouter au moment de servir.

AUTRES VARIANTES

Selon les fromages que vous utilisez, vous pouvez donner libre cours à votre imagination et inventer bien d'autres variantes. Dans le choix des fromages, dans leur association, fiez-vous à votre palais.

En Suisse, la multiplicité des vins et des fromages permet d'obtenir une gamme de fondues avec lesquelles on ne saurait rivaliser nulle part ailleurs au monde. Mais pourquoi hésiter? Tentez de savoureuses expériences avec des fromages locaux et des vins de pays. Rappelez-vous cependant que le vin doit être sec, même si vous préférez le vin doux.

Dans le district du Valais, en Suisse, les gastronomes utilisent des fromages régionaux comme le bagnes, le gomser et l'orsière qu'il vous arrivera de trouver dans votre propre fromagerie. Si tel est le cas, N'EMPLOYEZ PAS DE VIN, mais bien plutôt du lait chaud, de préférence du lait écrémé totalement ou à 2 p. cent.

La fondue fribourgeoise se prépare avec un fromage de pays à pâte crémeuse très délicate, le vacherin, associé à de l'eau chaude ou à du lait chaud, sans kirsch. Autre particularité de Fribourg, on trempe dans la fondue des quartiers de pommes de terre partiellement bouillies ou parfois crues.

FONDUE DE GRUYÈRE

DE QUATRE À SIX PORTIONS

1	*gousse d'ail*	*1*
1 kg	*gruyère*	*2 lb*
500 mL	*vin blanc sec*	*2 tasses*
125 mL	*kirsch*	*½ tasse*
5 mL	*fécule de maïs*	*1 c. à thé*
pincée	*sel*	*pincée*
pincée	*poivre blanc*	*pincée*
	trempettes	

1. Couper l'ail en deux et en frotter l'intérieur d'un poêlon; jeter ce qui reste.
2. Râper le fromage dans le poêlon.
3. Verser le vin blanc.
4. Chauffer à feu vif en dessinant des huit lentement mais sans arrêt avec une cuiller de bois.
5. Délayer la fécule dans le kirsch.
6. L'ajouter à la fondue lorsque le fromage commence à bouillir.
7. Saler et poivrer.
8. Poser le poêlon sur un réchaud en vous assurant que la fondue fait constamment de petits bouillons.

FONDUE DE FROMAGE PIQUANT

QUATRE PORTIONS

25 mL	*beurre ou margarine*	*2 c. à soupe*
45 mL	*farine*	*3 c. à soupe*
500 mL	*lait*	*2 tasses*
pincée	*sel*	*pincée*
	paprika	
	muscade	
500 g	*cheddar fort en petits cubes*	*1 lb*
	trempettes	

1. Faire fondre le beurre ou la margarine dans le poêlon.
2. Verser la farine en remuant.
3. Ajouter le lait peu à peu en agitant constamment pour éviter la formation de grumeaux.
4. Saler.
5. Assaisonner avec paprika et muscade; prolonger la cuisson de 3 ou 4 minutes à feu doux.
6. Ajouter le fromage peu à peu en le laissant fondre entre chaque addition.
7. Quand la fondue est onctueuse, poser le poêlon sur un réchaud.

VARIANTES

Pour varier les saveurs, employer un brie ou un camembert fait (dont vous aurez enlevé la croûte).

FONDUE DE DEUX FROMAGES

QUATRE PORTIONS

45 mL	*beurre ou margarine*	*3 c. à soupe*
45 mL	*farine*	*3 c. à soupe*
pincée	*cayenne*	*pincée*
175 mL	*crème claire*	*¾ tasse*
175 mL	*bouillon de poulet*	*¾ tasse*
5 mL	*oignon émincé déshydraté*	*1 c. à thé*
125 g	*parmesan râpé*	*¼ lb*
125 g	*fromage suisse en petits cubes*	*¼ lb*
	trempettes	

1. Faire fondre le beurre ou la margarine dans un poêlon.
2. Incorporer la farine et le cayenne.
3. Ajouter peu à peu la crème et le bouillon.
4. Ajouter l'oignon; remuer jusqu'à épaississement.
5. Jeter les fromages dans la fondue; agiter pour qu'ils fondent.
6. Quand la fondue est lisse et crémeuse, poser le poêlon sur un réchaud.

FONDUE AUX OEUFS

QUATRE PORTIONS

125 mL	*beurre ou margarine*	*½ tasse*
45 mL	*farine*	*3 c. à soupe*
2 mL	*sel*	*½ c. à thé*
2 mL	*poivre frais moulu*	*½ c. à thé*
500 à 550 mL	*lait*	*2 à 2¼ tasses*
5	*jaunes d'oeufs légèrement battus*	*5*
175 mL	*parmesan râpé*	*¾ tasse*
	trempettes	

1. Faire fondre le beurre ou la margarine à feu doux dans un poêlon.
2. Ajouter la farine et remuer.
3. Ajouter le sel, le poivre et 500 mL (2 tasses) de lait d'un seul coup.
4. Remuer et laisser cuire jusqu'à épaississement.
5. Réchauffer les jaunes d'oeufs avec quelques cuillerées de sauce.
6. Les jeter dans la fondue; remuer et prolonger la cuisson de deux minutes ou jusqu'à épaississement. NE PAS FAIRE BOUILLIR.
7. Ajouter le fromage râpé. Si la fondue est trop épaisse, la détendre avec un peu de lait — PAS PLUS DE 50 mL (¼ tasse).
8. Quand la pâte est bien onctueuse, poser le poêlon sur un réchaud.

FONDUE D'EMMENTHAL AUX OEUFS

SIX PORTIONS

25 mL	*beurre*	*2 c. à soupe*
25 mL	*farine*	*2 c. à soupe*
1	*gousse d'ail écrasée*	*1*
250 mL	*lait*	*1 tasse*
250 mL	*fromage suisse râpé*	*1 tasse*
3	*oeufs bien battus*	*3*
125 mL	*vin blanc sec*	*½ tasse*
	sel et poivre	
	mouillettes de pain	

1. **Faire fondre le beurre dans un poêlon à feu doux.**
2. **Ajouter la farine et l'ail; laisser cuire 2 minutes.**
3. **Incorporer le lait au fouet en agitant jusqu'à épaississement.**
4. **Ajouter le fromage en remuant pour qu'il fonde.**
5. **Fouetter les oeufs dans le vin; les ajouter.**
6. **Saler et poivrer.**
7. **Faire cuire à feu doux jusqu'à ce que la fondue épaississe et soit crémeuse.**
8. **Poser le poêlon sur un réchaud.**

FONDUE ROUGE, JAUNE ET BLEU

SIX PORTIONS

375 mL	*cheddar râpé ou en cubes*	*1½ tasse*
125 mL	*fromage bleu égrené*	*½ tasse*
5 mL	*sauce Worcestershire*	*1 c. à thé*
1	*boîte (284 mL/10 oz) de soupe condensée aux tomates*	*1*
25 mL	*xérès*	*2 c. à soupe*
	mouillettes de pain	

1. Mélanger les fromages, la soupe et la sauce Worcestershire dans un poêlon.
2. Remuer constamment à feu doux pour que le fromage fonde et que la fondue devienne crémeuse.
3. Incorporer le xérès.
4. Poser le poêlon sur un réchaud.

FONDUE À L'OIGNON

SIX PORTIONS

1	*sachet de soupe à l'oignon déshydratée*	*1*
500 mL	*jus de tomate*	*2 tasses*
20 mL	*jus de citron*	*4 c. à thé*
500 g	*cheddar râpé*	*1 lb*
	mouillettes de pain	

1. Mélanger la soupe déshydratée ainsi que les jus de tomate et de citron dans un poêlon.
2. Le poser sur un feu doux. Quand la préparation mijote, ajouter le fromage par poignées en le faisant fondre complètement entre chaque addition.
3. Quand la fondue est onctueuse, installer le poêlon sur un réchaud.

FONTINA

QUATRE PORTIONS

25 mL	*beurre ou margarine*	*2 c. à soupe*
50 mL	*farine*	*4 c. à soupe*
1 L	*lait*	*4 tasses*
500 g	*fromage suisse en petits cubes*	*1 lb*
1 mL	*sel*	*¼ c. à thé*
pincée	*muscade*	*pincée*
	trempettes	

1. Faire fondre le beurre ou la margarine dans un poêlon.
2. Ajouter la farine en remuant à feu moyen.
3. Incorporer le lait peu à peu.
4. Jeter le fromage par poignées en agitant sans arrêt pour qu'il fonde complètement.
5. Relever au goût de sel et de muscade.
6. Poser le poêlon sur un réchaud quand la fondue est lisse et crémeuse.

FONDUE EN CONSERVE

DEUX PORTIONS

On trouve de l'authentique et excellente fondue suisse en conserve. Il suffit d'ajouter un peu de kirsch et des condiments pour lui donner un petit air de « fait maison ».

1	*gousse d'ail*	*1*
	vin blanc sec	
1	*boîte de fondue suisse*	*1*
	muscade	
	poivre blanc	
30 à 45 mL	*kirsch*	*2 à 3 c. à soupe*
	trempettes	

1. Couper l'ail en deux; en frotter l'intérieur d'un poêlon et le jeter.
2. Mettre environ 0,5 cm (¼ po) de vin blanc dans le fond.
3. Le réchauffer SANS LE FAIRE BOUILLIR. Incorporer peu à peu la fondue en boîte au vin chaud; relever de muscade et de poivre. Remuer jusqu'à consistance lisse et crémeuse.
4. Ajouter le kirsch au moment de servir.
5. Poser le poêlon sur un réchaud.

LES WELSH-RABBITS

Ancêtres de la fondue suisse?

La cuisine a ses mystères. On ne s'entend pas sur l'origine du terme «fondue»; on ne s'entend pas non plus sur le mot «rabbit» parfois orthographié «rarebit» en un ou deux mots.

Certains citent cette anecdote sur l'origine du welsh-rabbit. Le garde-manger d'un chef de clan se trouvait un jour totalement dépourvu de gibier quand s'amènent des invités à l'improviste. Usant d'imagination, il leur sert un toast au fromage grillé et, tout aussi astucieux qu'inventif, leur déclare qu'ils dégustent là un «welsh-rabbit», un lapin gallois.

D'autres prétendent que le mot doit s'écrire et se prononcer «rarebit» ou même «rare bit»; il signifierait à proprement parler «morceau de choix gallois».

Les puristes de la fondue galloise soutiennent qu'elle est antérieure à la fondue suisse; celle-ci ne serait qu'une version tardive de celle-là. Les gourmands, plus sages, ne se posent pas de questions et se contentent de déguster l'une et l'autre avec ravissement.

La fondue galloise — de son vrai nom «welsh-rabbit» — se prépare à peu près de la même façon que la fondue suisse; elle est cependant à base de cheddar et parfois de lait ou même de bière.

WELSH-RABBIT CLASSIQUE

QUATRE PORTIONS

25 mL	*beurre ou margarine*	*2 c. à soupe*
25 mL	*farine*	*2 c. à soupe*
15 mL	*moutarde sèche*	*1 c. à soupe*
250 mL	*lait*	*1 tasse*
15 mL	*sauce Worcestershire*	*1 c. à soupe*
pincée	*cayenne*	*pincée*
250 g	*cheddar râpé ou en petits morceaux* (voir *Note)*	*½ lb*
45 mL	*bière*	*3 c. à soupe*
	toasts ou muffins grillés	

1. Faire fondre le beurre ou la margarine au bain-marie.
2. Ajouter la farine et la moutarde sèche ; bien mélanger.
3. Incorporer le lait petit à petit ; remuer jusqu'à épaississement.
4. Relever de cayenne et de sauce Worcestershire.
5. Jeter le fromage dans la fondue ; remuer pour le faire fondre.
6. Incorporer la bière et servir immédiatement sur toasts ou muffins.

NOTE

On peut préparer cette fondue et ne la réchauffer qu'au moment de servir si on remplace le cheddar classique par une préparation de cheddar fondu. Quand on emploie du cheddar classique, on peut préparer l'apprêt de base mais n'ajouter le cheddar et la bière qu'au moment de servir. (Le véritable cheddar devient caoutchouteux si on le fait attendre.)

VARIANTES

Pour varier la présentation du welsh-rabbit, remplacer toasts ou muffins par l'un ou l'autre des éléments qui suivent :

Aiguillettes de blanc de dinde cuit
Aiguillettes de blanc de poulet cuit
Brocoli, chou-fleur ou asperges sur jambon tranché
Haricots secs
Homard, crevettes ou crabe en bouchées sur riz
Oeufs durs tranchés
Oeufs pochés sur toast
Sardines
Toasts tartinés de pâté de jambon
Tranches croustillantes de bacon ordinaire ou de flanc
Tranches de langue
Tranches de tomates salées et poivrées, relevées d'un peu d'oignon haché et passées au gril

WELSH-RABBIT DU YORKSHIRE

QUATRE PORTIONS

500 g	*cheddar fort râpé*	*1 lb*
25 mL	*crème épaisse*	*2 c. à soupe*
125 à 175 mL	*bière ou ale plate*	*½ à ¾ tasse*
2 mL	*sel*	*½ c. à thé*
2 mL	*muscade fraîche râpée*	*½ c. à thé*
5 mL	*sauce Worcestershire*	*1 c. à thé*
pincée	*poivre*	*pincée*
2	*oeufs peu battus*	*2*
4	*oeufs pochés sur toast*	*4*

1. Réunir le fromage, la crème et la bière ou l'ale dans un poêlon.
2. Faire cuire à feu doux en remuant jusqu'à ce que le fromage fonde.
3. Ajouter le sel, la muscade, la sauce Worcestershire et le poivre.
4. Réduire la chaleur et incorporer les oeufs battus en remuant constamment au fouet métallique; la fondue doit devenir épaisse et onctueuse.
5. En napper les oeufs pochés sur toast.

WELSH-RABBIT DU CHESHIRE

QUATRE PORTIONS

60 mL	*beurre*	*4 c. à soupe*
4	*tranches de pain grillé*	*4*
	bière ou ale	
4	*tranches de cheddar fort*	*4*
4	*tranches de cheshire blanc*	*4*
4	*tranches de lancashire frais*	*4*
	moutarde sèche	

1. Porter le four à 200 °C (400 °F).
2. Mettre 15 mL (1 c. à soupe) de beurre dans le fond de 4 ramequins ou petits moules à flan et le faire fondre au four.
3. Déposer un toast dans chaque plat; l'humecter de bière ou d'ale.
4. Poser dessus une tranche de chacun des trois fromages.
5. Saupoudrer de moutarde sèche.
6. Mettre les ramequins au four 15 minutes environ ou jusqu'à ce que le fromage soit complètement fondu. Servir immédiatement.

NOTE

On peut préparer cette recette avec d'autres fromages, mais il faut que l'un soit fort, l'autre doux et le troisième peu fait et assez crémeux.

WELSH-RABBIT À LA BIÈRE

SIX PORTIONS

1 mL	*paprika*	*¼ c. à thé*
2 mL	*moutarde sèche*	*½ c. à thé*
1 ou 2 pincées	*cayenne*	*1 ou 2 pincées*
150 mL	*bière ou ale*	*⅔ tasse*
8 à 10 mL	*sauce Worcestershire*	*1½ à 2 c. à thé*
500 g	*préparation de cheddar fort fondu, râpée*	*1 lb*
	toasts ou autres bases	

1. Mélanger le paprika, la moutarde et le cayenne dans un poêlon.
2. Incorporer la bière ou l'ale et la sauce Worcestershire.
3. Réchauffer à feu doux; quand la bière est chaude, ajouter le fromage et remuer constamment jusqu'à ce qu'il soit fondu.
4. Servir sur toasts, craquelins ou autres bases (*voir* page 33).

VARIANTE

Remplacer la bière ou l'ale par la même quantité de crème épaisse ou claire.

WELSH-RABBIT SHIRLEY TEMPLE

DEUX PORTIONS

25 mL	*beurre*	*2 c. à soupe*
5 mL	*sauce Worcestershire*	*1 c. à thé*
2 mL	*sel*	*½ c. à thé*
2 mL	*paprika*	*½ c. à thé*
1 mL	*moutarde préparée*	*¼ c. à thé*
250 g	*cheddar râpé*	*½ lb*
125 mL	*soda au gingembre*	*½ tasse*
1	*oeuf peu battu*	*1*
	pain aux raisins secs grillé	

1. Faire fondre le beurre au bain-marie.
2. Ajouter les autres ingrédients sauf le soda au gingembre et l'oeuf; remuer jusqu'à ce que le fromage soit fondu.
3. Incorporer le soda au gingembre et l'oeuf; faire cuire jusqu'à épaississement.
4. Servir sur pain aux raisins secs grillé.

WELSH-RABBIT À LA CRÉOLE

QUATRE PORTIONS

25 mL	*beurre*	*2 c. à soupe*
½ *2 mL*	*petit oignon râpé* *ou* *poudre d'oignon*	*½* *½ c. à thé*
1	*poivron vert haché*	*1*
125 mL	*olives noires hachées*	*½ tasse*
5 mL	*assaisonnements à la créole* *ou sauce Tabasco*	*1 c. à thé*
250 mL	*tomates fraîches pelées* *ou en boîte égouttées*	*1 tasse*
250 mL	*cheddar en petits morceaux*	*1 tasse*
2	*oeufs*	*2*
	pain de seigle grillé	

1. Faire fondre le beurre doucement dans un poêlon.
2. Ajouter l'oignon ou la poudre d'oignon, le poivron vert, les olives, les assaisonnements et les tomates.
3. Laisser mijoter environ 10 minutes pour que tomates, poivron et oignon soient tendres.
4. Ajouter le fromage à feu doux (au bain-marie si vous n'utilisez pas un poêlon) en remuant constamment jusqu'à ce qu'il soit fondu.
5. Fouetter les oeufs; les incorporer à la fondue; remuer pour qu'elle soit onctueuse.
6. Servir sur pain de seigle grillé.

NOTE

Si vous vous servez d'un bain-marie, mettre la partie du haut directement sur le feu au début de la recette. Si vous employez une casserole ordinaire, l'installer sur un plat d'eau bouillante au moment d'ajouter les oeufs. Le poêlon est préférable puisqu'on peut le faire passer de la cuisine à la table.

WELSH-RABBIT À LA TOMATE

QUATRE PORTIONS

250 mL	*cheddar en petits morceaux*	*1 tasse*
250 mL	*tomates en boîte égouttées*	*1 tasse*
125 mL	*chapelure de mie de pain*	*½ tasse*
1 mL	*sel*	*¼ c. à thé*
pincée	*poivre*	*pincée*
2 mL	*assaisonnements à la créole ou sauce Tabasco*	*½ c. à thé*
	oeufs durs en tranches ou autre base sauf du pain	

1. Mélanger tous les ingrédients sauf les oeufs dans la partie supérieure d'un bain-marie.
2. Remuer à feu doux jusqu'à ce que le fromage soit fondu.
3. Servir sur oeufs durs en tranches ou sur toute autre base qui ne soit pas du pain.

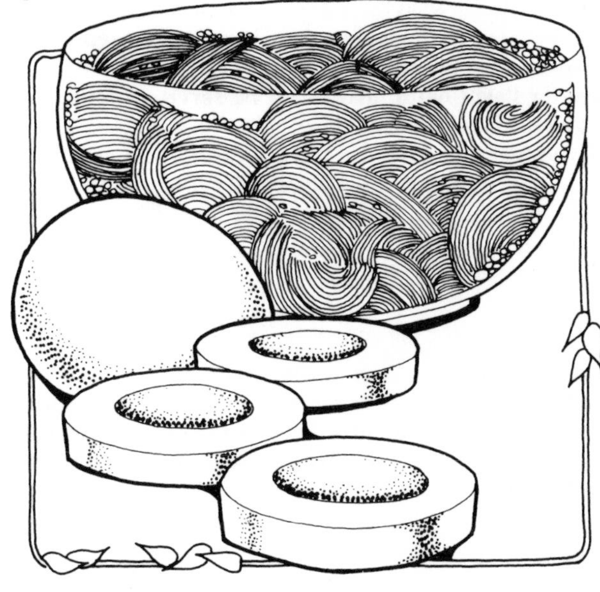

WELSH-RABBIT POMODORO

TROIS OU QUATRE PORTIONS

8	*tomates moyennes*	*8*
50 mL	*beurre*	*4 c. à soupe*
2 mL	*sel*	*½ c. à thé*
5 mL	*sucre*	*1 c. à thé*
2 mL	*muscade râpée*	*½ c. à thé*
pincée	*basilic*	*pincée*
250 g	*gruyère râpé*	*½ lb*
1	*oeuf battu*	*1*
	toasts	

1. Ébouillanter les tomates; enlever la peau.
2. Les couper en deux et presser pour extraire le jus et la semence.
3. Les hacher finement et les faire revenir au beurre dans un poêlon.
4. Ajouter le sel, le sucre, la muscade et le basilic quand elles sont en purée.
5. Jeter le fromage par poignées dans le poêlon en remuant pour qu'il fonde avant d'en rajouter.
6. Incorporer l'oeuf battu juste avant de servir en fouettant vivement pour que le blanc ne coagule pas.
7. Servir sur toasts.

WELSH-RABBIT RITOURNELLE

QUATRE PORTIONS

250 g	*préparation de cheddar fondu, râpée*	*½ lb*
1	*boîte (284 mL / 10 oz) de soupe condensée aux tomates*	*1*
15 mL	*oignon haché fin*	*1 c. à soupe*
15 mL	*ketchup*	*1 c. à soupe*
3 mL	*moutarde sèche*	*¼ c. à soupe*
pincée	*sel*	*pincée*
pincée	*poivre*	*pincée*
1	*oeuf battu*	*1*
	toasts ou biscottes	

1. Faire fondre le fromage au bain-marie.
2. Dans une autre casserole, réunir la soupe, l'oignon, le ketchup, la moutarde, le sel et le poivre; mélanger et réchauffer.
3. Incorporer cet apprêt au fromage en remuant constamment.
4. Ajouter peu à peu l'oeuf battu en agitant sans arrêt.
5. Laisser cuire 5 minutes sans cesser de remuer.
6. Servir sur toasts ou biscottes.

WELSH-RABBIT CHILLALY

QUATRE À SIX PORTIONS

15 mL	*beurre*	*1 c. à soupe*
25 mL	*poivron vert haché*	*2 c. à soupe*
15 mL	*oignon haché*	*1 c. à soupe*
125 mL	*tomates en boîte égouttées*	*½ tasse*
350 g	*fromage au lait mou en petits cubes*	*¾ lb*
2 mL	*sel*	*½ c. à thé*
	cayenne	
25 mL	*lait*	*2 c. à soupe*
1	*oeuf légèrement battu*	*1*
	craquelins, toasts ou muffins	

1. Faire fondre le beurre dans une casserole.
2. Jeter dedans le poivron vert et l'oignon; laisser cuire doucement 3 minutes.
3. Ajouter les tomates; prolonger la cuisson de 5 minutes.
4. Ajouter le fromage, le sel et quelques grains de cayenne; laisser cuire à feu doux — ou au bain-marie — jusqu'à ce que le fromage soit fondu.
5. Incorporer le lait et l'oeuf.
6. Servir immédiatement sur la base de votre choix.

WELSH-RABBIT À LA MODE DE BOSTON

QUATRE PORTIONS

1	*boîte (284 mL/10 oz) de soupe condensée aux tomates*	*1*
250 g	*préparation de fromage fondu (comme le Velveeta) râpée*	*½ lb*
2 mL	*moutarde sèche*	*½ c. à thé*
	toasts	

1. Mélanger tous les ingrédients excepté les toasts dans une casserole.
2. Faire chauffer en remuant constamment jusqu'à ce que le fromage soit fondu.
3. Servir sur toasts.

VARIANTES

1. Égrener du bacon croustillant sur chaque toast en comptant 1 tranche par portion.
2. Ajouter 250 mL (1 tasse) de riz cuit à la recette.
3. Ajouter 1 petite boîte (199 mL/7 oz) de maïs à grains entiers égoutté aux autres ingrédients.

FONDUE BRILLAT-SAVARIN

QUATRE OU SIX PORTIONS

12	*gros oeufs*	*12*
250 g	*gruyère râpé*	*½ lb*
375 g	*beurre mou*	*¾ lb*
	poivre frais moulu	
	pain français découpé en tranches de 3 cm (1 po), grillées	

1. Fouetter les oeufs dans un poêlon jusqu'à ce qu'ils soient mousseux.
2. Ajouter le fromage et le beurre. Faire chauffer à feu très doux (de préférence au bain-marie).
3. Remuer jusqu'à ce que la fondue soit épaisse et onctueuse. Arrêter de remuer SEULEMENT pour moudre le poivre.
4. Servir sur pain grillé.

WELSH-RABBIT VITE FAIT

QUATRE PORTIONS

1	*boîte (160 mL/5,6 oz) de lait évaporé*	*1*
250 g	*fromage fort en petits morceaux*	*½ lb*
1 mL	*moutarde sèche ou préparée, ou à volonté*	*¼ c. à thé*
1	*oeuf légèrement battu*	*1*
pincée	*sel*	*pincée*
pincée	*poivre blanc*	*pincée*
	craquelins ou toasts	

1. Mélanger le lait et le fromage dans un poêlon (ou au bain-marie). Réchauffer à feu doux pour que le fromage fonde.
2. Retirer du feu; incorporer la moutarde, l'oeuf, le sel et le poivre.
3. Mélanger parfaitement.
4. Servir sur craquelins ou toasts.

DE FRANCE ET D'ASIE

De merveilleuses fondues à la viande rouge

Nous en venons maintenant à un groupe différent de fondues, les fondues à la viande, dont il existe plusieurs excellentes recettes.

La plus connue est la fondue bourguignonne qui n'a rien de bourguignon puisqu'elle a été créée en Suisse.

Ce plat «dans le vent» nécessite certaines précautions puisque la viande cuit dans un bain d'huile déposé sur un réchaud, sur la table.

Choisissez un poêlon évasé en métal ou en fonte émaillée; la marmite en terre émaillée ne convient pas ici.

Mettez-y de l'huile ou du beurre clarifié ou un mélange des deux. Si vous optez pour le beurre clarifié, voici comment l'obtenir.

Faire fondre du beurre non salé à feu doux ou dans la partie supérieure d'un bain-marie. Le laisser reposer pour que les dépôts de petit lait tombent au fond.

Le passer à travers une mousseline ou un tamis très fin.

Le beurre clarifié se garde environ trois semaines dans un bocal fermé au réfrigérateur.

Faites chauffer l'huile à découvert sur la cuisinière en la surveillant attentivement, surtout si vous n'avez pas de thermomètre à friture. Ne la réchauffez jamais dans une casserole couverte; si elle atteint le point de combustion, elle peut s'enflammer d'elle-même quand vous retirez le couvercle.

Il existe des poêlons électriques réglés par thermostat. Faites-y chauffer l'huile 15 minutes ou jusqu'à ce qu'elle atteigne 200 °C (400°F).

Pour éviter les accidents, choisissez un réchaud muni d'un socle dans lequel s'insère le poêlon. De la sorte, il ne peut pas glisser et se renverser. Installez le réchaud sur la table pour que les convives y aient facilement accès: ni près du bord, ni trop au centre. Placez la queue du poêlon de façon que vos invités ne risquent pas de l'accrocher avec le bras ou un vêtement.

L'huile trop chaude grésille quand on y plonge la viande. Pour savoir si elle est à point, jetez dedans un cube de pain frais de 3 cm (1 po) de côté; il doit dorer en 40 ou 60 secondes. Si l'huile fume, elle est indéniablement trop chaude et il faut la retirer du feu immédiatement.

Pour empêcher l'huile de grésiller, jetez un petit morceau de pain dans le fond ou ajoutez 5 mL (1 c. à thé) de sel à 750 mL (3 tasses) d'huile. Épongez la viande avant la cuisson.

Donnez à vos convives une fourchette à manche long pour faire cuire la viande sans avoir la main au-dessus de l'huile.

Pour compléter le menu, offrez, comme en Suisse, des «rösti» (*voir page 83*) et une petite salade verte. Le vin rouge sec, bourgogne ou autre, accompagne bien les fondues à la viande.

FONDUE BOURGUIGNONNE

250 g par personne	*surlonge maigre*	*½ lb par personne*
	huile à salade ou d'arachide	
	beurre clarifié (voir *page 47)*	
	sauces (voir *page 65)*	

1. Détailler la viande en cubes de 2 à 3 cm (¾ à 1 po) de côté.
2. Remplir à demi le poêlon d'huile ou de beurre clarifié et l'amener à la température voulue (*voir page 47*). Transférer le poêlon sur le réchaud et le déposer sur la table. Mettre un petit morceau de pain dedans pour que l'huile ou le beurre ne grésille pas.
3. Piquer un cube de viande avec une fourchette et le faire cuire dans l'huile au point voulu.
4. Déposer la viande dans l'assiette, la piquer avec l'autre fourchette et la napper de sauce.

VARIANTES

Fondue au porc

Remplacer le boeuf par du filet de porc.

Fondue au veau

Remplacer le boeuf par du filet de veau.

Fondue aux trois viandes

Utiliser à la fois du porc, du boeuf et du veau.

AUTRES VARIANTES

1. Saler et poivrer la viande avant de la plonger dans l'huile.
2. La faire cuire dans un mélange à volume égal de beurre clarifié et d'huile d'arachide.

→

PRÉSENTATION

On accompagne les fondues à la viande d'une fraîche salade verte, sans vinaigrette ou avec une vinaigrette au citron dont l'acidité contraste avec le parfum de l'huile de cuisson.

Des rösti ou galettes de pommes de terre (*voir* page 83), servies à part, complètent agréablement le service; on les remplace au besoin par des croustilles.

Arrosez la fondue bourguignonne d'un bon vin rouge, bourgogne ou autre. Si vous préférez le blanc, choisissez un vin très sec; un blanc fruité masquerait la fine saveur de la viande.

FONDUE ORIENTALE

250 g par personne	*plusieurs viandes au choix: boeuf (croupe ou intérieur de ronde), veau maigre, filet de porc, agneau, rognons de veau ou d'agneau, foie de veau, ris de veau, aiguillettes de poulet.*	*½ lb par personne*
	filets de poisson	
	bouillon de boeuf ou de poulet	
	sauces (voir *page 65)*	

1. Détailler les viandes en tranches très fines ou en bouchées. Dans le premier cas, confier ce travail à votre boucher ou, sinon, faire à demi congeler les viandes avant de les émincer.
2. Remplir le poêlon aux deux tiers de bouillon et l'amener à ébullition. Le garder BOUILLANT durant tout le service.
3. Piquer une ou plusieurs viandes à la fois et faire cuire dans le bouillon au point désiré.
   ATTENTION: le porc demande à être bien cuit; par contre, une cuisson trop prolongée durcit les abats.
4. Avec la fourchette de table, piquer les viandes cuites et les napper de sauce.

NOTE

Avant d'émincer les rognons, les faire dégorger une demi-heure dans l'eau froide en changeant l'eau trois fois. Les égoutter et les éponger; retirer les peaux et TOUT le gras.

FONDUE CHINOISE

250 g par personne	***boeuf tranché mince***	*½ lb par personne*
	bouillon de boeuf	
	sauce soya et autres	

Suivre le mode de préparation de la fondue orientale, page 51.

BOUILLON À L'ORIENTALE

Quand les convives ont terminé les fondues orientale ou chinoise, le bouillon qui reste se sert admirablement par la suite en début de repas.

125 mL	*xérès sec ou vin blanc sec*	*½ tasse*
	sel et poivre	
	bouillon de fondue	

1. **Relever le bouillon de xérès ou de vin; saler et poivrer.**
2. **Remuer et réchauffer.**
3. **Servir en gobelets.**

POISSON, VOLAILLE ET PIZZA

Des fondues originales

Les recettes présentées sous ce titre démontrent hors de tout doute que la fondue mène à tout pourvu qu'on y mette de l'imagination.

Elles prouvent également que la fondue est non seulement un plat exquis, susceptible de plaire aux palais les plus exigeants, mais aussi un mets économique auquel on peut faire appel avantageusement pour équilibrer son budget alimentaire.

Les restes de viande rôties et les boulettes de viande donnent notamment d'excellents résultats à condition de les relever avec à propos et de les accompagner de sauces piquantes.

Plongez les restes de poulet, de dinde ou de porc dans une pâte à frire (*voir* page 62) avant de les faire cuire dans un bain d'huile bouillante.

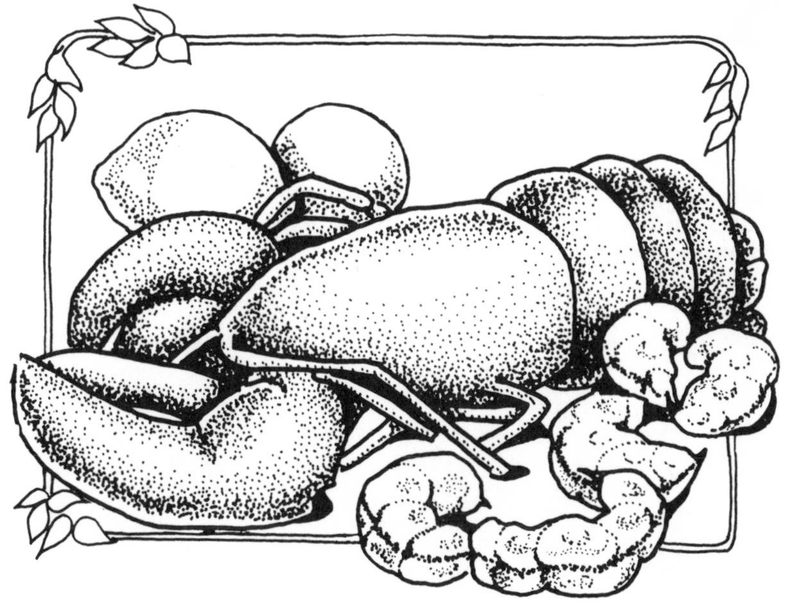

FONDUE POISSON ET FRUITS DE MER

TROIS OU QUATRE PORTIONS

250 g	*filets de poisson*	*½ lb*
250 g	*chair de homard*	*½ lb*
250 g	*crevettes décortiquées et parées*	*½ lb*
	huile à friture	
5 mL	*sel*	*1 c. à thé*
	sauces (voir page 65 et Remarque ci-dessous)	

1. Égoutter et éponger parfaitement poissons et fruits de mer crus.
2. Les détailler en bouchées (environ 2 cm / 1 po).
3. Porter le bain d'huile à 190 °C (375 °F).
4. Verser le sel dans l'huile.
5. Piquer les bouchées et les faire frire.

NOTE

Crabe, huîtres et pétoncles se prêtent mal à cet apprêt.

REMARQUE

Poissons et fruits de mer exigent des sauces acidulées comme la sauce tartare (page 82), la sauce hongroise à la tomate (page 75) la sauce aurore (page 77), la sauce cocktail (page 76) ou l'une ou l'autre des sauces à fruits de mer vendues en flacons dans les magasins d'alimentation.

FONDUE CREVETTES AU CARI

SIX PORTIONS

1,5 kg	*grosses crevettes fraîches ou décongelées, décortiquées et parées*	*3 lb*
	huile d'olive	
175 mL	*jus de citron*	*¾ tasse*
	sel et poivre	
	sauce au cari (ci-dessous)	

1. Laver les crevettes à l'eau froide; les éponger avec du papier essuie-tout.
2. Remplir à moitié d'huile un poêlon à fondue et l'amener à ébullition.
3. Piquer les crevettes et les faire frire à point.
4. Les plonger dans le jus de citron; saler et poivrer et napper de sauce au cari.

Sauce au cari

125 mL	*beurre*	*½ tasse*
50 mL	*farine*	*¼ tasse*
7 mL	*cari, ou à volonté*	*1½ c. à thé*
15 mL	*jus de citron*	*1 c. à soupe*
1	*boîte (284 mL/10 oz) de consommé*	*1*
25 mL	*eau*	*2 c. à soupe*

1. Faire fondre le beurre, incorporer la farine et retirer du feu.
2. Mélanger le cari et le jus de citron.
3. Les ajouter à la farine en remuant bien; remettre à feu doux et compter 2 minutes de cuisson quand la préparation mijote; remuer sans arrêt.

→

4. Mélanger l'eau et le consommé; les ajouter peu à peu à la farine et prolonger la cuisson de 15 minutes à feu doux en remuant constamment.

SERVICE

Une salade de chou rehaussée de graines de carvi accompagne bien la fondue aux crevettes.

NOTE

La sauce au cari se sert également avec les fondues au boeuf et au poulet.

FONDUE AUX CREVETTES

QUATRE PORTIONS

1	*boîte (284 mL / 10 oz) de soupe aux crevettes congelée ou de crème de crevettes*	*1*
250 mL	*fromage suisse râpé*	*1 tasse*
25 mL	*vin blanc sec*	*2 c. à soupe*
	trempettes	

1. **Réchauffer la soupe au bain-marie.**
2. **Ajouter le fromage en remuant constamment jusqu'à ce qu'il soit fondu.**
3. **Déposer la fondue dans un poêlon et incorporer le vin.**

FONDUE AU THON

QUATRE PORTIONS

1	*gousse d'ail, en deux*	*1*
500 mL	*vin blanc sec*	*2 tasses*
250 g	*fromage suisse en cubes*	*½ lb*
250 g	*gruyère en cubes*	*½ lb*
20 mL	*fécule de maïs*	*1½ c. à soupe*
25 mL	*kirsch ou brandy*	*2 c. à soupe*
pincée	*muscade*	*pincée*
1	*boîte (184 g / 6½ oz) de thon égoutté et effeuillé*	*1*
	mouillettes de pain	

1. Frotter le poêlon avec l'ail.
2. Y verser le vin; le réchauffer à feu moyen — NE PAS FAIRE BOUILLIR.
3. Ajouter les fromages par poignées en remuant constamment pour qu'ils fondent.
4. Incorporer la fécule de maïs, l'eau-de-vie et la muscade quand la fondue bouillonne.
5. Ajouter le thon et remuer pendant une minute.

FONDUE AU POULET

	huile de maïs	
175 mL par personne	*poulet cuit en cubes de 2 cm (¾ po) de côté*	*¾ tasse par personne*
	pâte à frire (recette page 62)	
	sauces (voir page 65)	

1. Remplir à moitié d'huile un poêlon à fondue; la chauffer jusqu'à ce qu'elle commence à frémir.
2. Piquer un cube de poulet, le plonger dans la pâte puis dans la friture.
3. La pâte va gonfler et devenir croquante et dorée.
4. Déposer la bouchée dans une assiette et la napper de sauce.

Pâte à frire

ENVIRON 500 mL (2 TASSES)

175 mL	*farine tout usage*	*¾ tasse*
50 mL	*fécule de maïs*	*¼ tasse*
5 mL	*levure chimique*	*1 c. à thé*
10 mL	*sel*	*2 c. à thé*
2 mL	*muscade*	*½ c. à thé*
2	*oeufs*	*2*
125 mL	*bière*	*½ tasse*

1. Mélanger ensemble tous les ingrédients secs.
2. Ajouter les oeufs et la bière ; remuer jusqu'à homogénéité.

VARIANTES

Remplacer le poulet par de la dinde, du porc ou quelque autre viande ou découper des saucisses de Francfort en tronçons de 3 cm (1 po). On peut également utiliser des cubes de fromage danois.

FONDUE À LA MODE DE FRANCFORT

QUATRE PORTIONS

25 mL	*beurre*	*2 c. à soupe*
25 mL	*farine*	*2 c. à soupe*
2 mL	*sel*	*½ c. à thé*
2 mL	*sel d'ail*	*½ c. à thé*
500 mL	*lait*	*2 tasses*
250 g	*mozzarella ou fromage suisse en cubes*	*½ lb*
6 mL	*origan*	*1¼ c. à thé*
5 mL	*basilic*	*1 c. à thé*
500 g	*saucisses de Francfort ou saucisses italiennes cuites*	*1 lb*

1. **Faire fondre le beurre dans une casserole.**
2. **Incorporer la farine, le sel et le sel d'ail.**
3. **Ajouter le lait peu à peu en remuant constamment; la sauce doit être lisse et épaisse.**
4. **Réduire la chaleur et ajouter peu à peu le fromage et les fines herbes. Remuer simplement pour faire fondre le fromage.**
5. **Verser la préparation dans un poêlon à fondue. Le mettre à feu doux.**
6. **Réchauffer les saucisses dans de l'eau bouillante; les couper à la diagonale en tronçons de 3 cm (1 po).**
7. **Les garder au chaud sur un réchaud ou dans un plat chaud couvert.**
8. **Les piquer et les plonger dans la fondue.**

SERVICE

On sert aussi cette fondue avec des tranches beurrées de pain français chaud ou encore du chou-fleur cru, des tomates cerises, des quartiers de tomate ou des croustilles de pommes de terre.

FONDUE À LA MODE DE PISE

SIX OU HUIT PORTIONS

1	*boîte (540 mL / 19 oz) de tomates assaisonnées*	*1*
2 mL	*sauce Tabasco, ou à volonté*	*½ c. à thé*
4 mL	*sel*	*¾ c. à thé*
250 g	*préparation de fromage fondu, râpée*	*½ lb*
75 mL	*poivron vert en cubes*	*⅓ tasse*
	mouillettes de pain	

1. Mélanger les tomates, la sauce Tabasco et le sel dans une casserole à fond épais.
2. Amener à ébullition à feu doux; laisser mijoter 5 minutes à feu encore plus doux.
3. Incorporer le fromage et prolonger la cuisson de une minute en remuant pour que le fromage fonde.
4. Verser la préparation dans un poêlon; garnir de poivron vert.

DES SAUCES POUR TOUS LES GOÛTS

Et pour toutes les fondues à la viande

Sans les sauces, les fondues à la viande ne présentent aucun intérêt; plus que jamais, ce sont elles qui font le plat. Il y a la béarnaise et la hollandaise dont on ne saurait se passer. Mais il y a aussi, plus simplement, les condiments comme la moutarde, le ketchup et le raifort.

Entre les deux, les possibilités sont infinies. Et plus il y a de sauces, plus la fondue à la viande suscite de gourmandise.

Ne lésinez donc pas. Multipliez les sauces; joignez les grandes aux petites; inventez-en au besoin. Vous ne pouvez que ravir vos convives.

À la fin du chapitre, vous trouverez une liste d'ingrédients avec lesquels vous pouvez composer des mélanges délicieux.

Faites confiance à vos talents gastronomiques.

SAUCE BÉARNAISE

ENVIRON 250 mL (1 TASSE)

15 mL	*échalotes hachées fin*	*1 c. à soupe*
5 mL	*persil frais haché*	*1 c. à thé*
1 mL	*estragon séché*	*¼ c. à thé*
1 mL	*thym séché*	*¼ c. à thé*
pincée	*poivre noir*	*pincée*
	sel	
175 mL	*vin blanc sec*	*¾ tasse*
50 mL	*vinaigre à l'estragon*	*¼ tasse*
3	*jaunes d'oeufs*	*3*
	beurre mousseux au besoin	

1. Mélanger les échalotes, le persil, les fines herbes, le vin et le vinaigre dans une casserole; faire diminuer de moitié.
2. Passer et laisser refroidir.
3. Ajouter les jaunes d'oeufs, un à un, en fouettant; alterner avec le beurre mousseux de façon à donner à la sauce la consistance de la mayonnaise.
   Se sert froide.

SAUCE BORDELAISE

ENVIRON 500 mL (2 TASSES)

4	*échalotes hachées fin*	*4*
6	*grains de poivre écrasés*	*6*
2	*brindilles de persil*	*2*
2 mL	*thym séché*	*½ c. à thé*
1	*feuille de laurier*	*1*
5 mL	*ail haché fin*	*1 c. à thé*
250 mL	*vin rouge sec*	*1 tasse*
300 mL	*sauce brune ou sauce au boeuf en boîte*	*1¼ tasse*
	sel et poivre frais moulu	
	jus de un citron	
25 mL	*beurre*	*2 c. à soupe*

1. Dans une casserole, mettre les échalotes, les grains de poivre, le persil, le thym, la feuille de laurier, l'ail et le vin.
2. Cuire à feu modérément fort; laisser réduire de moitié.
3. Incorporer la sauce brune et laisser mijoter environ 10 minutes.
4. Saler et poivrer.
5. Passer au tamis et faire reprendre l'ébullition sur le feu.
6. Incorporer le jus de citron et retirer du feu.
7. Incorporer le beurre.
   Se sert chaude.

SAUCE VERDURETTE

ENVIRON 250 mL (1 TASSE)

1	*tranche de pain blanc sans la croûte*	*1*
50 mL	*vinaigre blanc*	*¼ tasse*
3	*filets d'anchois hachés fin*	*3*
	ou	
2 mL	*pâte d'anchois*	*½ c. à thé*
250 mL	*persil frais haché fin*	*1 tasse*
7 mL	*câpres hachées*	*1½ c. à thé*
2	*gousses d'ail écrasées*	*2*
7 mL	*oignon râpé*	*1½ c. à thé*
20 mL	*huile d'olive*	*4 c. à thé*
2 mL	*sucre*	*½ c. à thé*
25 mL	*vinaigre*	*2 c. à soupe*

1. Faire tremper le pain dans 50 mL (¼ tasse) de vinaigre.
2. Mélanger les filets ou la pâte d'anchois, le persil, les câpres, l'ail, l'oignon, l'huile d'olive et le sucre.
3. Malaxer les ingrédients de manière à obtenir une pâte lisse.
4. Incorporer 25 mL (2 c. à soupe) de vinaigre; ajouter de l'huile au besoin pour obtenir la consistance désirée.

VARIANTES

Sauce aux olives

Ajouter 25 mL (2 c. à soupe) d'olives vertes dénoyautées et hachées grossièrement à la pâte à base d'anchois (2).

Sauce aux cornichons marinés

Ajouter 25 mL (2 c. à soupe) de cornichons marinés hachés à la pâte à base d'anchois (2).

Sauce au poivre vert

Ajouter 25 mL (2 c. à soupe) de poivre vert haché à la pâte à base d'anchois (2).

SAUCE RAVIGOTE

ENVIRON 250 mL (1 TASSE)

3	*gousses d'ail hachées fin*	*3*
1	*oignon moyen haché fin*	*1*
50 mL	*huile de maïs*	*¼ tasse*
5 mL	*fécule de maïs*	*1 c. à thé*
¼	*cornichon mariné haché*	*¼*
25 mL	*vinaigre blanc*	*2 c. à soupe*
125 mL	*ketchup*	*½ tasse*
75 mL	*sauce Worcestershire*	*⅓ tasse*
2 mL	*sel*	*½ c. à thé*
5 mL	*moutarde sèche*	*1 c. à thé*
trait	*sauce Tabasco*	*trait*

1. Faire revenir l'ail et l'oignon dans l'huile sans les laisser prendre couleur.
2. Ajouter la fécule de maïs et cuire une minute en remuant.
3. Ajouter le cornichon haché, le vinaigre, le ketchup et la sauce Worcestershire.
4. Amener à ébullition et incorporer les autres ingrédients.

SAUCE DOUCE AU CARI

ENVIRON 250 mL (1 TASSE)

½	*oignon moyen haché*	*½*
1	*petite gousse d'ail hachée*	*1*
3 cm	*tronçon de racine de gingembre en fines tranches*	*1 pouce*
15 mL	*beurre*	*1 c. à soupe*
7 mL	*cari*	*½ c. à soupe*
2 mL	*cassonade*	*½ c. à thé*
20 mL	*farine*	*1½ c. à soupe*
1 mL	*sel*	*¼ c. à thé*
250 mL	*bouillon de poulet*	*1 tasse*

1. Faire revenir l'oignon, l'ail et le gingembre dans le beurre pendant 10 minutes; l'oignon doit à peine dorer.
2. Incorporer le cari et le sucre; prolonger la cuisson de une minute.
3. Ajouter la farine et le sel; mélanger.
4. Incorporer peu à peu le bouillon de poulet et laisser cuire jusqu'à épaississement en remuant constamment.
5. Prolonger la cuisson de 10 minutes à feu doux en remuant fréquemment.
6. Passer.
   Se sert chaude ou froide.

SAUCE ROYALE

ENVIRON 250 mL (1 TASSE)

250 mL	*crème sure*	*1 tasse*
1	*sachet de soupe à l'oignon déshydratée*	*1*
3	*jaunes d'oeufs*	*3*
5 mL	*jus de citron*	*1 c. à thé*
2 mL	*sauce Worcestershire*	*½ c. à thé*
	sel	
	poivre blanc	

1. Mélanger la crème sure et la soupe déshydratée dans une casserole.
2. Ajouter le reste des ingrédients. Cuire à feu doux en remuant constamment jusqu'à ce que la sauce commence à épaissir. NE PAS FAIRE BOUILLIR.
3. Retirer du feu et continuer à remuer pendant que la sauce épaissit. Se sert froide.

SAUCE HONGROISE PIQUANTE

ENVIRON 250 mL (1 TASSE)

25 mL	*beurre mou*	*2 c. à soupe*
2 mL	*sel*	*½ c. à thé*
45 mL	*farine*	*3 c. à soupe*
pincée	*poivre blanc*	*pincée*
250 mL	*lait chaud*	*1 tasse*
15 mL	*paprika fort, ou à volonté*	*1 c. à soupe*

1. Mélanger tous les ingrédients, sauf le paprika, au malaxeur électrique à faible vitesse. Quand le mélange s'est opéré, fouetter à grande vitesse 30 secondes.
2. Verser la préparation dans la partie supérieure d'un bain-marie et cuire 15 minutes sur l'eau mijotante en remuant de temps à autre.
3. Incorporer le paprika. La sauce sera rose.

SAUCE PROVENÇALE

ENVIRON 250 mL (1 TASSE)

4	*grosses gousses d'ail*	*4*
2	*jaunes d'oeufs*	*2*
250 mL	*huile d'olive*	*1 tasse*
5 mL	*jus de citron*	*1 c. à thé*
4 mL	*sel*	*¾ c. à thé*
1 mL	*poivre noir frais moulu*	*¼ c. à thé*

1. Écraser l'ail dans les jaunes d'oeufs.
2. Incorporer l'huile d'olive goutte à goutte pour obtenir une émulsion. La sauce aura la consistance de la mayonnaise.
3. Ajouter le jus de citron. Saler et poivrer.

SAUCE HONGROISE À LA TOMATE

ENVIRON 250 mL (1 TASSE)

45 mL	*beurre*	*3 c. à soupe*
45 mL	*oignon haché fin*	*3 c. à soupe*
50 mL	*farine*	*¼ tasse*
15 mL	*paprika*	*1 c. à soupe*
3	*tomates moyennes, hachées grossièrement*	*3*
	sel et poivre frais moulu	
25 mL	*crème sure*	*2 c. à soupe*

1. Faire fondre 25 mL (2 c. à soupe) de beurre dans une casserole; ajouter l'oignon.
2. Le faire cuire sans qu'il prenne couleur.
3. Ajouter la farine et le paprika.
4. Incorporer les tomates; saler et poivrer.
5. Laisser mijoter 15 minutes en remuant fréquemment.
6. Passer la sauce au tamis très fin ou à la moulinette.
7. Incorporer la crème sure.
8. Retirer du feu et ajouter le reste du beurre.
   Se sert chaude.

SAUCE COCKTAIL

ENVIRON 175 mL (¾ TASSE)

15 mL	*raifort frais ou en flacon*	*1 c. à soupe*
15 mL	*jus de citron*	*1 c. à soupe*
5 mL	*sauce Worcestershire*	*1 c. à thé*
175 mL	*ketchup*	*¾ tasse*
	sauce Tabasco	
	sel et poivre frais moulu	

Mélanger tous les ingrédients parfaitement.

SAUCE AURORE

ENVIRON 125 mL (½ TASSE)

15 mL	*ketchup*	*1 c. à soupe*
125 mL	*mayonnaise*	*½ tasse*
trait	*sauce Worcestershire*	*trait*
	poivre frais moulu	
15 mL	*cognac, ou davantage*	*1 c. à soupe*

Mélanger doucement tous les ingrédients.

VARIANTE

Remplacer le ketchup par 15 mL (1 c. à soupe) de sauce au chili.

SAUCE À LA WESTERN

ENVIRON 375 mL (1½ TASSE)

250 mL	*sauce Rancho*	*1 tasse*
125 mL	*ketchup*	*½ tasse*
	sel et poivre	
	sauce Tabasco	

Réunir tous les ingrédients dans un bol et mélanger.

SAUCE AU RAIFORT

ENVIRON 175 mL (¾ TASSE)

15 mL	*raifort frais râpé (voir Note)*	*1 c. à soupe*
175 mL	*crème sure*	*¾ tasse*
15 mL	*oignon haché fin*	*1 c. à soupe*
	sel	

Réunir tous les ingrédients dans un bol et bien mélanger.

NOTE

On peut remplacer le raifort frais par du raifort vendu en flacon; il faut cependant le placer dans une mousseline et en extraire le plus de vinaigre possible.

SAUCE MOUTARDE AU MIEL

ENVIRON UN LITRE (4 TASSES)

500 mL	***confiture d'orange***	***2 tasses***
500 mL	***miel liquide***	***2 tasses***
45 mL	***moutarde sèche***	***3 c. à soupe***

1. **Mélanger la confiture et le miel dans une casserole. Faire cuire à feu doux en remuant constamment jusqu'à ce que la préparation soit homogène.**
2. **Incorporer la moutarde.**
   Se sert chaude ou froide.

SAUCE TARTARE DE LUXE

ENVIRON 250 mL (1 TASSE)

25 mL	*ciboulette fraîche hachée*	*2 c. à soupe*
25 mL	*persil frais haché fin*	*2 c. à soupe*
15 mL *7 mL*	*estragon frais haché fin* *ou* *estragon séché*	*1 c. à soupe* *½ c. à soupe*
15 mL	*câpres hachées fin*	*1 c. à soupe*
15 mL	*oignon haché fin*	*1 c. à soupe*
15 mL	*cornichon mariné non sucré haché fin*	*1 c. à soupe*
175 mL	*mayonnaise*	*¾ tasse*
1	*gousse d'ail hachée fin*	*1*
	sel et poivre frais moulu	
	jus de citron (facultatif)	

Réunir tous les ingrédients dans un bol et mélanger parfaitement.

SAUCE TARTARE À LA RELISH

ENVIRON 250 mL (1 TASSE)

1	*bocal (250 mL/9 oz) de sauce tartare*	*1*
20 mL	*relish sucrée égouttée*	*4 c. à thé*
15 mL	*mayonnaise*	*1 c. à soupe*
15 mL	*câpres*	*1 c. à soupe*

Réunir tous les ingrédients dans un bol et bien mélanger.

NOTE

Il existe de nombreuses sauces et relishes vendues en flacons, bocaux ou boîtes de conserve. Inventez-en de nouvelles en utilisant les ingrédients suivants :

anchois hachés
cacahuètes moulues
champignons marinés hachés
chutney
ciboule hachée fin
cornichons gherkins hachés
ketchup à la tomate
ketchup aux champignons
mayonnaise
mayonnaise à la tomate
moutarde douce, forte, sucrée
oignon d'Espagne haché fin
olives hachées
piccalilli
radis hachés fin
raifort en crème
raifort frais haché
relish
relish aux oignons
sauce à la moutarde
sauce au raifort
sauce Cumberland
sauce tartare
sauce vinaigrette
sauce Worcestershire

LES RÖSTI

Des pommes de terre à la mode de Suisse

La fondue au fromage est un plat substantiel qui se sert très bien seul. Cependant, plusieurs hôtes estiment que le repas ne serait pas complet si l'on n'y ajoutait pas un petit quelque chose.

Les Suisses eux-mêmes servent souvent un petit plat de viande avant ou après: de la viande des Grisons, sorte de boeuf fumé émincé très finement, du jambon fumé ou des saucisses.

En Amérique, où l'on apprécie beaucoup les crudités, il n'est pas rare de présenter après la fondue une salade simple ou panachée, nature ou relevée d'un peu de sel. Quelques gouttes de jus de citron ou de vinaigre mettent bien en valeur la fraîcheur des verdures, surtout après le fromage de la fondue.

À la variété de sauces utilisées pour les fondues à la viande, on peut y ajouter des atocas, ou encore des marinades assorties.

On peut aussi servir un légume cuit ou même du riz à l'espagnole, safrané ou beurré.

Un assortiment de légumes crus, tomates cerises, fleurettes de choufleur, poivron rouge doux, permet aux convives de grignoter pendant que la fondue se prépare et ne nuira pas au goût des sauces si vous présentez une fondue bourguignonne.

En Suisse allemande, comme dans tous les pays germaniques, les pommes de terre sont très appréciées; aussi accompagne-t-on souvent la fondue bourguignonne de rösti, sorte de galette de pommes de terre relevée ou non de condiments. On en trouve en boîte de conserve de 425 mL (15 oz); elles sont très commodes si vous êtes à la course mais ne vaudront jamais celles que vous confectionnez vous-même.

En voici quelques recettes.

KARTOFFELRÖSTI

QUATRE À SIX PORTIONS

1 kg	*pommes de terre*	*2 lb*
50 mL	*beurre*	*¼ tasse*
4 mL	*sel*	*¾ c. à thé*
25 mL	*eau chaude*	*2 c. à soupe*

1. Faire bouillir les pommes de terre dans leur pelure; les refroidir et les éplucher.
2. Les passer au presse-purée ou les découper en julienne.
3. Faire fondre le beurre dans une grande sauteuse; ajouter peu à peu les pommes de terre et le sel. Cuire à feu doux, en tournant fréquemment, jusqu'à ce que les pommes de terre soient souples et jaunes.
4. Les presser en galette avec une spatule large.
5. Asperger d'eau chaude; couvrir et laisser cuire à feu doux, 15 ou 20 minutes, ou jusqu'à ce qu'elles soient croûtées et bien dorées dessous. Remuer souvent la sauteuse pour que la galette n'attache pas. Au besoin, ajouter du beurre.
6. La renverser sur une assiette chaude, le côté croustillant sur le dessus, et servir immédiatement.

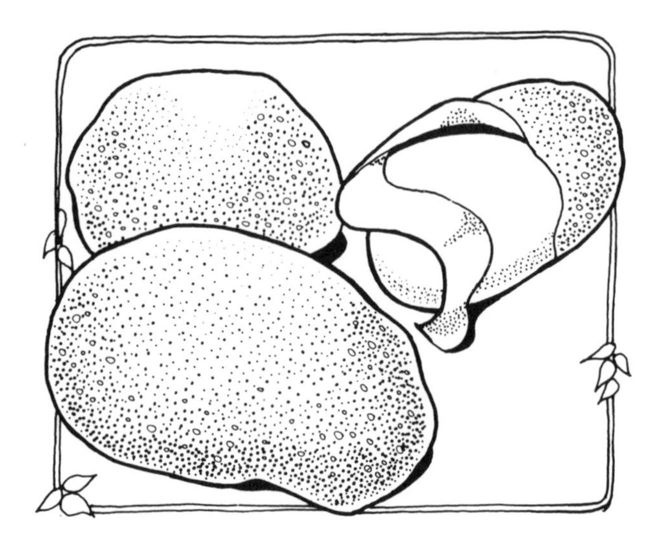

BAUERNRÖSTI

QUATRE PORTIONS

6	*pommes de terre*	*6*
125 mL	*huile végétale*	*½ tasse*
2 mL	*sel*	*½ c. à thé*
pincée	*poivre*	*pincée*
1	*petit oignon haché fin*	*1*

1. Faire bouillir les pommes de terre avec leur pelure; les refroidir et les éplucher; les découper en julienne.
2. Chauffer l'huile dans une sauteuse à fond épais.
3. Ajouter les pommes de terre, le sel, le poivre et l'oignon.
4. Les faire rissoler jusqu'à ce qu'elles soient bien dorées.

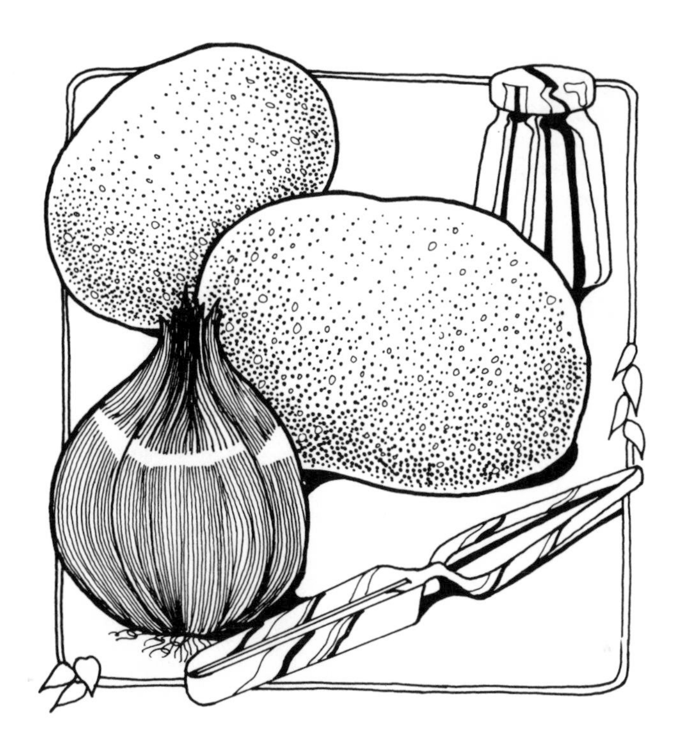

BERNESSE RÖSTI

QUATRE À SIX PORTIONS

1 kg	*pommes de terre*	*2 lb*
50 mL	*saindoux*	*¼ tasse*
4 mL	*sel*	*¾ c. à thé*
3	*tranches de bacon en cubes*	*3*
1	*petit oignon haché*	*1*
25 mL	*eau chaude*	*2 c. à soupe*

1. Faire bouillir les pommes de terre dans leur pelure; les refroidir et les éplucher; les détailler en julienne.
2. Faire fondre le saindoux dans une sauteuse lourde; ajouter les pommes de terre et le sel.
3. Faire cuire à feu doux en les tournant fréquemment jusqu'à ce qu'elles soient souples et jaunes.
4. Ajouter le bacon et l'oignon; presser en galette avec une spatule large; asperger d'eau chaude.
5. Faire cuire à feu doux, 15 ou 20 minutes, ou jusqu'à ce qu'il se soit formé dessous une croûte bien dorée. Remuer la sauteuse pour que la galette n'attache pas.
6. La renverser sur une assiette chaude, le côté croustillant sur le dessus, et servir immédiatement.

RÖSTI À LA SUISSE

QUATRE PORTIONS

4	***grosses pommes de terre Idaho***	*4*
	eau froide	
45 mL	***beurre***	*3 c. à soupe*
	sel et poivre	

1. **Râper grossièrement les pommes de terre dans un bassin d'eau froide.**
2. **Faire brunir le beurre dans une grande sauteuse à fond épais.**
3. **Éponger les pommes de terre dans une serviette pour enlever le plus d'eau.**
4. **Les ajouter au beurre noisette et les aplatir en galette avec une spatule large.**
5. **Réduire la chaleur; saler et poivrer.**
6. **Faire cuire à couvert 15 ou 20 minutes ou jusqu'à ce qu'il se soit formé une croûte dorée dessous.**
7. **Renverser la galette sur une assiette chaude, le côté croustillant sur le dessus, et servir immédiatement.**

RÖSTI AU FROMAGE

QUATRE À SIX PORTIONS

1 kg	*pommes de terre*	*2 lb*
50 mL	*beurre*	*¼ tasse*
4 mL	*sel*	*¾ c. à thé*
125 mL	*fromage suisse ou gruyère en cubes*	*½ tasse*
25 mL	*eau chaude*	*2 c. à soupe*

1. **Faire bouillir les pommes de terre dans leur pelure; les refroidir, les éplucher et les passer au presse-purée.**
2. **Faire fondre le beurre dans une sauteuse à fond épais.**
3. **Ajouter peu à peu les pommes de terre avec le sel et le fromage.**
4. **Faire cuire à feu doux, en les retournant souvent, jusqu'à ce qu'elles soient souples.**
5. **Les aplatir en galette avec une spatule large et les asperger d'eau chaude.**
6. **Couvrir et laisser cuire à feu doux 15 ou 20 minutes ou jusqu'à ce qu'il se soit formé une croûte dorée en dessous. Remuer souvent la sauteuse pour que la galette n'attache pas.**
7. **La renverser sur une assiette de service, le côté croustillant sur le dessus, et servir immédiatement.**

LE COURONNEMENT D'UN BON REPAS

Des desserts à transformer les adultes en enfants

C'est avec discernement qu'il faut choisir les desserts qu'on offrira après une fondue.

En Suisse, on se contente de servir une pomme bien fraîche et légèrement acidulée. D'autres fruits, dressés entiers dans une corbeille ou détaillés en cubes et présentés en salade, terminent bien le repas.

Si vous désirez un dessert un peu plus élaboré, vous en trouverez d'excellents dans les pages qui suivent.

À tout seigneur tout honneur. Voici quatre recettes de fondue au chocolat. Vous les mettrez au menu d'un repas classique, mais vous ferez beaucoup d'heureux si vous les offrez en goûter d'après-midi ou de fin de soirée.

FONDUE AU CHOCOLAT

QUATRE À SIX PORTIONS

280 g	*chocolat*	*10 oz*
125 mL	*crème claire*	*½ tasse*
30 mL	*kirsch, cognac ou cointreau*	*2 c. à soupe*
	trempettes (voir page 96)	

1. Briser le chocolat en morceaux d'environ 3 cm (1 po) de côté.
2. Le réunir aux autres ingrédients dans un poêlon à fondue.
3. Faire cuire à feu doux en remuant pour que le chocolat fonde; la pâte doit être onctueuse.
4. Garder le poêlon à feu doux.

NOTE

Un chocolat au lait suisse, appelé Toblerone, qui contient du miel, des amandes et d'autres parfums, donne ici d'excellents résultats. On recommande également le crunch de Nestlé.

FONDUE À LA CANNELLE

QUATRE À SIX PORTIONS

280 g	*chocolat au lait*	*10 oz*
125 mL	*crème claire ou épaisse*	*½ tasse*
1 mL	*cannelle*	*¼ c. à thé*
1 mL	*clou de girofle moulu*	*¼ c. à thé*
	trempettes (voir *page 96)*	

1. Briser le chocolat en morceaux d'environ 3 cm (1 po) de côté.
2. Le réunir aux autres ingrédients dans un poêlon à fondue.
3. Faire cuire à feu doux en remuant pour que le chocolat fonde; la pâte doit être onctueuse.
4. Garder la fondue à feu doux.

FONDUE CAFÉ-CHOCO

QUATRE À SIX PORTIONS

280 g	*chocolat au lait*	*10 oz*
125 mL	*crème épaisse*	*½ tasse*
15 mL	*café instantané*	*1 c. à soupe*
	trempettes (voir page 96)	

1. Briser le chocolat en morceaux d'environ 3 cm (1 po) de côté.
2. Le réunir aux autres ingrédients dans un poêlon à fondue.
3. Faire cuire à feu doux en remuant pour que le chocolat fonde et que la pâte soit onctueuse.
4. Garder la fondue à feu doux.

FONDUE AU CACAO

QUATRE PORTIONS

90 mL	*beurre non salé*	*6 c. à soupe*
250 mL	*sucre*	*1 tasse*
150 mL	*cacao*	*⅔ tasse*
125 mL	*lait évaporé*	*½ tasse*
5 mL	*essence de vanille*	*1 c. à thé*
	trempettes	

1. Faire fondre le beurre à feu doux dans une casserole.
2. Tamiser ensemble le cacao et le sucre; les incorporer au beurre.
3. Ajouter peu à peu le lait évaporé.
4. Faire cuire à feu doux en remuant constamment jusqu'à ce que le sucre soit fondu et la sauce, bien chaude.
5. Ajouter l'essence de vanille; dresser la fondue dans un poêlon et servir.

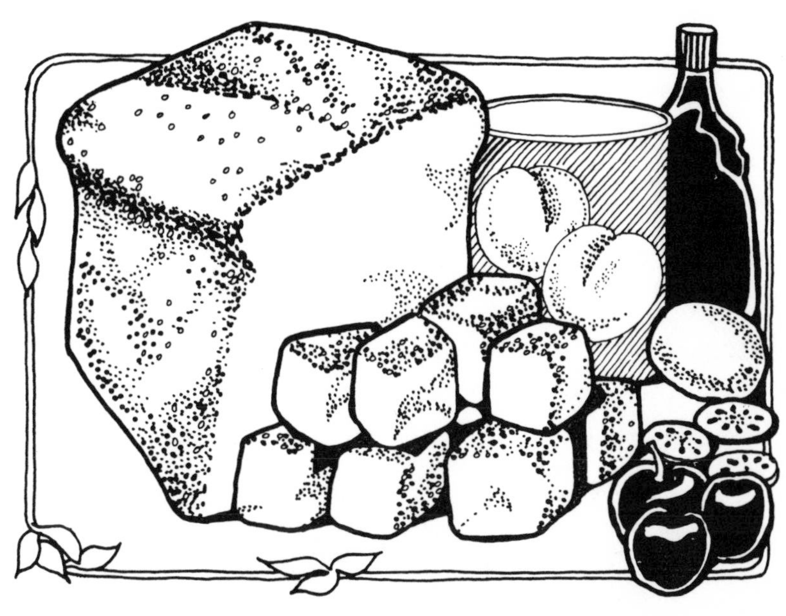

FONDUE AU PAIN DE SAVOIE

QUATRE PORTIONS

1 L	*fraises fraîches*	*4 tasses*
4 à 6	*tranches de pain de Savoie*	*4 à 6*
150 mL	*crème épaisse*	*⅔ tasse*
250 mL	*guimauves miniatures*	*1 tasse*
25 mL	*sucre glace*	*2 c. à soupe*

1. Laver et équeuter les fraises.
2. Détailler le gâteau en morceaux de 4 cm (1 po) de côté.
3. Mélanger tous les autres ingrédients dans un poêlon à fondue.
4. Remuer pour que la pâte soit homogène et que les guimauves fondent.
5. Utiliser alternativement les fraises et les cubes de gâteau en guise de trempettes.

FONDUE POUDING ET VIN

SIX À HUIT PORTIONS

1	*sachet de mélange à pouding aux oeufs (136 g / 4,8 oz)*	*1*
1	*sachet de mélange à pouding et garniture de tarte à la vanille (136 g / 4,8 oz)*	*1*
375 mL	*lait*	*1½ tasse*
2 mL	*zeste d'orange râpé*	*½ c. à thé*
250 mL	*vin blanc sec*	*1 tasse*
	fruits à tremper (voir *pages 96-97)*	

1. Mélanger le contenu des sachets dans une casserole.
2. Incorporer le lait et le zeste d'orange.
3. Faire cuire à feu moyen en remuant constamment jusqu'à ce que le mélange épaississe et atteigne l'ébullition.
4. Laisser mijoter 1½ minute.
5. À feu doux, incorporer le vin; dresser la fondue dans un poêlon et servir.

TREMPETTES DE DESSERT

Bien des éléments peuvent servir de trempettes pour les fondues sucrées. L'ampleur du choix que vous offrez à vos invités dépend de l'importance de la réception. Vous pouvez les détailler d'avance en bouchées ou les présenter entiers. Comme dans le cas des fondues de fromage ou à la viande, on pique une bouchée, on la trempe dans la fondue et on la mange. Les fondues sucrées sont rarement si chaudes qu'il faille changer de fourchette pour la dégustation. On pourra cependant offrir une cuiller pour recueillir la fondue si les invités déposent les pièces dans une assiette.

Les pains briochés, les pains aux raisins secs sont ici tout à fait indiqués. Si vos invités sont jeunes ou très gourmands, vous voudrez ajouter l'un ou l'autre des éléments suivants:

PÂTISSERIE

Beignes détaillés en huit
Biscuits à la cuiller en tronçons (doigts de dame)
Guimauves
Pain de Savoie, en cubes de 3 cm (1 po) de côté
Petites boules de pâte feuilletée ou à choux (de 6 à 12 par personne)

FRUITS FRAIS

Bananes (en deux sur la longueur puis en tronçons de 3 cm/1 po)
Cubes d'ananas (de 3 cm/1 po de côté)
Fraises équeutées
Kiwis (pelés et tranchés)
Quartiers de mandarines
Quartiers d'oranges (ou tranches d'oranges coupées en deux)
Quartiers de pamplemousses
Pommes (parées, émincées, coupées en deux)
Raisins sans pépins

FRUITS EN CONSERVE (BIEN ÉGOUTTÉS)

Abricots (en quartiers)
Cerises

Cubes d'ananas
Kumquats
Pêches en tranches
Poires (en quartiers)
Prunes (dénoyautées et en quartiers)
Quartiers de pamplemousses (coupés en deux)

FRUITS SÉCHÉS
Abricots
Dattes
Figues
Pêches (en deux)
Poires (en deux)
Pommes

Complétez cette liste non exhaustive en donnant la clé des champs à votre imagination.

CERISES À L'ALSACIENNE

QUATRE PORTIONS

1	*boîte (398 g/14 oz) de cerises Bing ou de guignes avec leur jus*	*1*
50 mL	*kirsch ou brandy*	*¼ tasse*
5 mL	*jus de citron*	*1 c. à thé*
	sucre	
15 mL	*fécule de maïs*	*1 c. à soupe*
	crème glacée à la vanille	

1. Égoutter les cerises; verser le jus dans une casserole.
2. Les dénoyauter et jeter les noyaux.
3. Verser l'eau-de-vie sur les fruits et laisser macérer.
4. Réserver 25 mL (2 c. à soupe) de jus des cerises; faire réduire le reste de moitié.
5. Ajouter le jus de citron.
6. Sucrer.
7. Délayer la fécule de maïs avec les 25 mL (2 c. à soupe) de jus de cerises réservé; incorporer cette pâte à la sauce qui mijote.
8. Ajouter les cerises; réchauffer parfaitement.
9. Servir sur un lit de crème glacée.

FRAISES FLAMBÉES

QUATRE PORTIONS

500 mL	*fraises fraîches*	*2 tasses*
45 mL	*kirsch*	*3 c. à soupe*
10 mL	*beurre*	*2 c. à thé*
10 mL	*sucre*	*2 c. à thé*
	jus de 1 orange	
	zeste de 1 orange en petits cubes	
	zeste de 1 citron en petits cubes	
20 mL	*cointreau*	*1½ c. à soupe*
20 mL	*cognac*	*1½ c. à soupe*
20 mL	*rhum*	*1½ c. à soupe*
	crème glacée à la vanille	

1. Laver, équeuter et détailler les fraises en quartiers; les faire macérer dans le kirsch une nuit.
2. Faire fondre le beurre dans un poêlon.
3. Y faire cuire le sucre jusqu'à obtention d'un caramel blond.
4. Ajouter le jus d'orange et les zestes d'orange et de citron.
5. Incorporer les fraises avec le kirsch.
6. Verser dans le poêlon le cointreau, le cognac et le rhum. Bien réchauffer.
7. Flamber. Verser sur un lit de crème glacée quand la flamme meurt.

ORANGES D'ARABIE

QUATRE À SIX PORTIONS

6	*grosses oranges*	*6*
125 mL	*amandes effilées*	*½ tasse*
175 mL	*dattes hachées*	*¾ tasse*
150 mL	*jus d'orange*	*⅔ tasse*
75 mL	*brandy*	*⅓ tasse*

1. Peler et trancher finement l'orange.
2. Ajouter les amandes et les dattes.
3. Verser sur les fruits le jus et le brandy; faire refroidir.

ORANGES AU CHOCOLAT

QUATRE PORTIONS

4	*oranges*	*4*
500 mL	*crème glacée aux brisures de chocolat, à demi décongelée*	*2 tasses*

1. **Enlever un chapeau sur le dessus de chaque orange; retirer la chair.**
2. **Dégager et jeter la membrane blanche, les peaux et l'excès de jus.**
3. **Détailler la chair en cubes et en réserver 250 mL (1 tasse).**
4. **Incorporer les cubes de chair à la crème glacée.**
5. **Remplir les oranges évidées et remettre le chapeau. Laisser au moins 1 heure au congélateur.**

FRUITS À LA SUISSE

	fruits (bananes, ananas, pêches, poires)
	ketchup
	amandes effilées

1. Détailler les fruits en cubes et les mélanger.
2. Ajouter du ketchup à volonté pour le goût et la couleur.
3. Décorer d'amandes. Rafraîchir et servir.

SANTÉ!

Quoi boire après une fondue?

Tout de même que l'origine de la fondue a souvent donné lieu à des discussions fort animées, la question de savoir ce qu'on doit boire avec une fondue a alimenté de chauds débats.

D'une façon générale, les Suisses déconseillent toutes les boissons froides. Ils servent du kirsch à la température ambiante (environ 20 ° C/68 ° F) en même temps que la fondue ou après.

Dans d'autres pays, on en est venu à offrir un vin blanc sec (celui qui a servi à confectionner la fondue) ou même un rosé sec.

Bref, le problème n'a pas vraiment trouvé de solution; à vous de décider après expérience.

Avec la fondue à la viande, le bourgogne s'impose — encore que quelque autre boisson puisse fort bien le remplacer. Si vous êtes amateur de vin blanc, choisissez-le bien sec.

Avec le welsh-rabbit, on recommande la bière mais le vin blanc sec fait aussi très bien l'affaire.

En Suisse, on termine généralement le repas avec une boisson chaude, café ou thé. Les mordus de la fondue préfèrent d'ordinaire le thé.

Il existe tout un groupe de boissons d'après-repas dont nous vous offrons ici quelques échantillons. Elles se servent bien après la fondue et parfois même peuvent l'accompagner.

GROG À LA CRÉOLE

QUATRE À SIX PORTIONS

4	*graines de cardamome*	*4*
125 mL	*raisins secs*	*½ tasse*
3	*clous de girofle entiers*	*3*
2 *1 mL*	*bâtons de cannelle* *ou* *cannelle moulue*	*2* *¼ c. à thé*
1	*bouteille de vin rouge sec*	*1*
50 mL	*sucre, ou à volonté*	*¼ tasse*
500 mL	*brandy ou bourbon*	*2 tasses*

1. Retirer les graines de cardamome des gousses et jeter celles-ci ; écraser les graines.
2. Les ajouter au vin ainsi que les raisins secs, la cannelle et le clou ; laisser macérer 24 heures dans une grande casserole.
3. Réchauffer jusqu'à ce que le mélange fume et cela juste avant de servir — NE PAS FAIRE BOUILLIR. Ajouter alors le sucre et l'eau-de-vie.
4. Servir chaud dans des verres épais ou des gobelets.

VARIANTE

Grog à la cerise

Remplacer le vin par du Kijafa à la cerise et réduire le sucre à 25 mL (2 c. à soupe).

VIN CHAUD À L'ORANGE

QUATRE À SIX PORTIONS

1	*grosse orange*	*1*
375 mL	*eau*	*1½ tasse*
250 g	*sucre*	*½ lb*
1	*bouteille de vin rouge*	*1*
1	*fine tranche d'orange dans chaque verre*	*1*

1. Exprimer le jus de l'orange et en réserver la moitié.
2. Réchauffer l'autre moitié avec l'eau dans une grande casserole.
3. Faire fondre le sucre dans le jus réservé en utilisant une autre casserole.
4. Verser le contenu de la deuxième casserole dans la première et laisser bouillir 10 minutes.
5. Réchauffer le vin jusqu'à ce qu'il fasse des bulles.
6. L'ajouter à la première préparation.
7. Servir dans des verres épais ou dans des gobelets préalablement réchauffés. Déposer une fine tranche d'orange dans chaque verre.

GROG TEMPÊTE

QUATRE PORTIONS

500 mL	*jus d'orange*	*2 tasses*
250 mL	*jus d'atocas*	*1 tasse*
50 mL	*sucre*	*¼ tasse*
5 mL	*clous de girofle entiers*	*1 c. à thé*
1	*bâton de cannelle de 8 cm/3 po*	*1*
5 mL	*zeste d'orange râpé*	*1 c. à thé*
6	*tranches d'orange*	*6*
	clous de girofle entiers pour la décoration	

1. Mélanger tous les ingrédients, sauf l'orange tranchée, dans une casserole. Amener à ébullition à feu doux.
2. Réduire la chaleur et laisser mijoter 5 minutes; passer.
3. Verser la préparation dans un bol ou un pot réchauffé au préalable.
4. Piquer quelques clous de girofle dans les tranches d'orange et les faire flotter.
5. Servir très chaud dans des verres épais ou des gobelets.

CAFÉ IRLANDAIS

	café chaud	
30 g par personne	*whisky irlandais*	*1 oz par personne*
5 mL par personne	*kahlua*	*1 c. à thé par personne*
	crème fouettée	

1. Verser le café, le whisky et le kahlua dans un verre à café irlandais ou dans un gobelet.
2. Remuer; mettre une boule de crème fouettée en surface.

VIN AUX ÉPICES

QUATRE À SIX PORTIONS

1	***bouteille de vin rouge sec***	*1*
pincée	***cannelle***	*pincée*
pincée	***clou de girofle***	*pincée*
pincée	***muscade***	*pincée*
	sucre	

1. **Mélanger tous les ingrédients et les faire chauffer dans une grande casserole.**
2. **Servir chaud dans des verres épais ou des gobelets.**

Index

La composition de ce volume
a été réalisée par
les Ateliers de La Presse, Ltée

Groupe d'Imprimeries **Inter-Mark** Inc.

IMPRIMÉ AU CANADA